L'auto fantôme

Évelyne Reberg habite en Côte-d'Or. Professeur de lettres, puis bibliothécaire, elle est auteur de nombreuses histoires pour enfants.

Du même auteur dans Bayard Poche :

Les crétins punis (Mes premiers J'aime lire)

La vieille dame et le fantôme - C'est la vie, Julie ! - P'tit Jean et la sorcière - Le château hanté - La bibliothèque ensorcelée - Hurlenfer - Bouboul Maboul - Le sifflet du diable - L'arbre aux secrets - Ma mémé sorcière - Mon copain vampire (J'aime lire)

Rosy est né en 1927 en Belgique. Il travaille actuellement à Paris comme illustrateur de magazines pour adultes. Son autre passion : la musique.

Du même illustrateur dans Bayard Poche :

La vieille dame et le fantôme - La télé toquée - La bibliothèque ensorcelée - La nuit des squelettes - Hurlenfer (J'aime lire)

Cinquième édition

Dépôt légal : avril 2003
Loi du 16 juillet 1949 sur les publications destinées à la jeunesse.

L'auto fantôme

Une histoire écrite par Évelyne Reberg
illustrée par Rosy

J'AIME LIRE
BAYARD POCHE

1

Mme Bloyer n'était pas une vieille dame comme les autres. En effet, elle avait pour ami... un fantôme. Eh oui ! Gus le fantôme vivait chez elle. Comment leur amitié était-elle née ? Ce fut une rencontre, un soir...* mais qu'importe ! Voilà. C'était comme ça... Ils étaient devenus amis.

Voir *La vieille dame et le fantôme*, J'aime lire n° 18.

Gus logeait dans le coffre de la salle à manger, où il avait jeté ses ossements, ses vieux livres déchirés, ses toiles d'araignée. La vieille dame adorait papoter avec lui, le chat Méphisto ronronnait à son approche, bref, c'étaient des amis comme tous les amis du monde. Pourtant, il y avait un petit problème.

Mme Bloyer était inquiète ; elle vivait à Pignouchy dans son immeuble des Acacias depuis si longtemps ! Cinquante ans déjà ! Elle s'était attachée à son quartier. Et puis son loyer n'était pas cher... Elle tremblait qu'on ne découvre le fantôme et ne cessait de répéter :

– Soyez discret, Gus, promis ? Mes voisins ne sont pas commodes. Je ne voudrais pas avoir des ennuis avec eux. On va me chasser d'ici si on découvre que je vis avec un revenant... Pas d'apparition dans l'escalier...

– Non, Madame Bloyer.

– Pas de bruit de chaînes, pas de grognements.

– Non, Madame Bloyer.

– Je ne vous garde chez moi qu'à une condition : ne sortez jamais la nuit. On vous remarquerait. N'oubliez pas que vous devenez phosphorescent dans l'obscurité.

– Promis, promis, lui disait Gus pour la rassurer.

Et pendant longtemps, il se tint sage, tranquille, enfermé dans l'appartement, aussi silencieux qu'un rayon de lune.

2

Hélas ! un soir, à minuit, tandis que les deux amis regardaient ensemble leur film d'épouvante à la télé, le fantôme ne put se retenir d'ululer d'une voix étranglée : « Hurlenfer ! Hurlenfer ! »

– Taisez-vous, par pitié, gémit la vieille dame, vous allez réveiller tout le monde !

Mais le fantôme bramait :

– Là ! Sur l'écran ! Regardez ! Hurlenfer, le lieu maudit ! Oh ! Tout à coup, je me souviens ! J'ai passé de si bons moments dans ce château il y a cent ans ! Mon meilleur ami hantait le haut du donjon... Il y est peut-être encore ? Allons-y tous les deux, Madame Bloyer, je vous en supplie ! Vite ! Vite !... Je voudrais tant le revoir !

– Moins de bruit ! Chut !

Gus insistait :

– Hélas ! Aucun train, aucun car ne va à Hurlenfer. Il nous faudra absolument louer une auto.

– Je n'ai jamais appris à conduire, dit sèchement la vieille dame. Ce n'est pas à mon âge que je vais m'y mettre. Et puis votre affreux château en ruine ne m'attire pas du tout.

Et pour mettre fin à la conversation, elle se mit à épousseter le coffre de Gus à grands coups de chiffon.

Mais Gus était têtu. Le jour suivant, il consulta une carte pour repérer Hurlenfer et marmonna :

– Puisque madame Bloyer ne veut pas m'emmener, je n'ai qu'à y aller par moi-même. Conduire une auto, ce ne doit pas être bien sorcier : il suffit d'appuyer sur des trucs, de tirer des manettes, et voilà. Dès cette nuit, je m'entraînerai. Je roulerai de nuit, je serai très discret, et personne ne s'apercevra de rien.

Pour la voiture, Gus avait le choix. Le parking en était plein. Il n'hésita pas. Il opta pour la plus coquette : la Saba 2000 de M. René.

– Ce monsieur René, il la bichonne, sa petite auto, ça oui ! Avec elle, je ne crains pas la panne.

M. René était le voisin de palier de Mme Bloyer. Un monsieur sérieux, seul, triste, un peu maniaque. Sa seule passion, c'était son auto, justement.

Eh bien, cette nuit-là, pour la première fois, Gus désobéit à sa vieille amie. Il se glissa à travers le mur et vola les clefs de la voiture sur le guéridon du voisin. Puis il sortit de l'immeuble et flotta doucement jusqu'au sombre parking. Il se faufila dans la Saba 2000.

– Prudence, murmurait-il en regardant autour de lui.

La nuit était silencieuse. Tout le monde dormait. Il était minuit. Gus pourrait s'exercer à conduire sans problème. Il s'agita aux commandes. Soudain, sans le vouloir, il actionna les clignotants, fit marcher le klaxon... Bientôt, l'auto se mit à rugir, à fumer... On aurait dit qu'elle allait exploser.

« Sois discret, tête-de-muguet », se disait Gus à lui-même tandis que déjà quelques visages effarés s'écrasaient aux fenêtres de l'immeuble.

Soudain, le fantôme rugit :

– Victoire ! Je roule !

Il rit à grandes dents. L'auto se rua sur la route, puis zigzagua sur la chaussée, tous phares éteints. Elle évita de justesse un arbre tandis que Gus, le nez dans sa carte, essayait en vain de trouver la direction de Hurlenfer.

Et voilà l'autoroute ! Sans hésiter, Gus la prit en sens interdit. Il s'était couché sur le siège pour se sentir plus à l'aise. Le véhicule tourna sur lui-même, fila sur deux roues dans tous les sens en frôlant les barrières de sécurité.

Le lendemain, tout le quartier des Acacias était en émoi. M. René exhibait sa carrosserie sale, son aile droite cabossée. Il gémissait :

– Ma Saba, ma Saba adorée !

Madame Bloyer était en train de lire *Pignouchy Canard* quand soudain elle manqua s'étrangler :

– Gus ! s’écria-t-elle. On dit qu’une Saba fantôme a sillonné l’autoroute en pleine nuit. Des gendarmes l’ont vue.

– Pas possible ! fit Gus en sortant de son coffre.

– L’auto n’avait pas de conducteur. Elle roulait dans tous les sens. Elle faisait des pirouettes. J’espère que vous n’y êtes pour rien ?

– Voyons, Madame Bloyer !

– Je vous ai fermement ordonné de ne pas sortir la nuit.

– Madame Bloyer, je ne suis pas fou !

Gus avait un air si doux, si innocent que Mme Bloyer fut tout attendrie.

– Cher grand maigrelet... murmura-t-elle. Dire que j'ai failli l'accuser...

Et ce jour-là, dans la ville terrifiée, seule la vieille dame vaqua paisiblement à ses occupations, le sourire aux lèvres.

3

Les nuits suivantes, Gus se tint tranquille.

« Il ne faut pas... Non, il ne faut plus..., se répétait-il. On rapporte tout dans ce maudit journal, et Mme Bloyer pourrait se fâcher contre moi... Pourtant j'ai tant envie de m'exercer à conduire... J'aimerais tant revoir mon vieil ami dans ses ruines... »

Une nuit, il n'y tint plus. Sans même savoir comment, il désobéit encore, et se retrouva dans la Saba.

« Cette fois, prudence, se promit-il. Gus, tête-de-puce, sois aussi silencieux qu'un mort. Il faut – si possible – que de temps en temps les roues de l'auto ne touchent même pas le sol. »

Mais le fantôme n'avait pas pensé à M. René ! Désormais, ce pauvre M. René faisait le guet, chaque nuit, dans son auto ! Il couchait sur le plancher, sous le siège ! Lui qui sursau-

tait au moindre bruit, il avait décidé, par amour pour sa Saba, de livrer le voleur de Saba aux gendarmes, pieds et poings liés !

Cette nuit-là, M. René, qui somnolait dans sa voiture, entendit soudain un frôlement, puis le moteur démarra, sans même que la portière ait été ouverte. Le pauvre homme eut si peur qu'il ne trouva pas la force de crier. Il ferma les yeux, croyant mourir. L'auto rugit comme un tigre (« Oh, mon moteur ! » pensa M. René), elle cala net (« Oh, mes freins ! » gémit-il en lui-même).

À un moment, il sut que les roues ne touchaient plus le sol. Mais oui ! En flottant contre le plafond, Gus faisait s'envoler l'auto ! M. René ouvrit les yeux quelques secondes, il constata que le véhicule planait au-dessus de la chaussée (« Ma suspension ! » pensa-t-il), et il s'évanouit quand il vit l'auto atterrir en vrille sous le nez d'un camion.

Lorsque sa Saba rejoignit le parking, M. René

ouvrit d'abord un œil, puis les deux. Il aperçut une forme gigotante qui s'échappait de l'auto et il se sentit hors de lui... égaré... presque fou. Il haleta : « Je l'aurai... je l'aurai... », et il suivit l'apparition. Celle-ci flotta jusqu'au troisième étage, et soudain le grand ver luisant passa à travers la porte de Mme Bloyer.

– L'appartement de cette pauvre femme est hanté ! balbutia M. René. Il faut que je la prévienne.

M. René avait peur de faire peur à la vieille dame. Si elle en mourait ? Il finit quand même par frapper à sa porte. Elle vint ouvrir, pimpante dans sa robe de chambre. M. René l'avertit avec tact :

– Chère Madame, je passais par là et... j'ai vu... une chose... enfin une espèce de... pénétrer chez vous.

– Oh, moi, dit Mme Bloyer en haussant les épaules, je ne prête guère attention aux petits trucs qui pénètrent chez moi.

– Pourtant, dit-il, c'était un... un inconnu... un peu louche.

– Vraiment ? dit Mme Bloyer sans s'émouvoir.

– C'était seulement un... un voleur... Rassurez-vous... Pire que ça... n'ayez crainte... Il était sans...

– Sans quoi ?

– Sans âge... je veux dire... sans visage... Il est passé par ici.

M. René poussa Mme Bloyer. Il pénétra dans l'entrée pour vérifier...

– Aaaaaaaaargh !

4

Le spectre était bien là, tout raide au-dessus du tapis.

– Gus ! cria Mme Bloyer.

Et Gus plongea dans son coffre. La vieille dame expliqua :

– Bof ! Ce n'est qu'un fantôme. Un fantôme d'une espèce ordinaire. Il apparaît, il disparaît.

Il va. Il vient. Inutile d'en parler... Au fait, j'espère qu'il n'a rien fait de grave ?

– Oh ! Oh ! Oh ! Rien de grave ? Mais... il a volé mon auto ! Il l'a volée... et en plus... il l'a fait voler... oui, dans les airs... comme un gros vo-vo...

– Un veau, M. René ?

– Un gros volatile... (M. René ne savait plus ce qu'il disait.) Oh ! Je vous ferai chasser de l'immeuble, vous et ce forcené ! hurla-t-il.

Déjà, on entendait quelques bruits à l'étage au-dessous. Mme Bloyer se tourna vers le coffre de Gus :

– Et voilà, Gus, c'est la catastrophe ! Tout le monde va être au courant. Nous serons chassés. À moins que M. René n'accepte vos excuses. Allons, Gus, excusez-vous.

Une voix geignarde emplit la pièce sombre. Gus suppliait : « Je veux, je veux aller à Hurlenfer ! » Il évoqua le château hanté et son donjon dressé comme un piquet, et il parla longtemps d'un vieux copain fantôme qui hurlait chaque soir à la lune.

« Miaou ! » faisait Méphisto le chat en dressant le poil.

5

Hélas ! En entendant cette voix d’outre-tombe, M. René était devenu blanc comme... comme un linceul. Gus ne put s’empêcher de passer la tête à travers le coffre, ses yeux creux fixèrent le voisin. Le pauvre M. René se mit à piailler :

– Cacher un fantôme est interdit par la loi !

Je vous dénoncerai à tous les habitants de l'immeuble !

À ces mots, Gus étira le cou, dressa sa tête osseuse. On aurait dit un noyé qui tient la tête hors de l'eau. M. René sursauta et se mit à hurler encore plus fort :

– Je le dirai à la police, aux journalistes, à la télé ! Vous serez chassée, Madame Bloyer, et ce… ce… cette affreuse carcasse ira en prison !

La pauvre Mme Bloyer faisait :

– Chut ! Chut ! S'il vous plaît ! Chut !

En un éclair, Gus jaillit de son coffre. Il rugit sous le nez de M. René qui reculait à petits pas :

– Moi ? En prison ? Je passe à travers les murs ! Je me suis déjà évadé cinq fois, espèce de tête-de-lard !

Tout cela faisait un tel tapage que les escaliers s'emplissaient de bruits de pas. Mme Bloyer eut un sursaut désespéré :

– Et si Gus faisait la police ? proposa-t-elle précipitamment. S'il hantait notre parking chaque nuit pour le protéger des voleurs ? Est-ce que vous accepteriez de vous taire, Monsieur René ? Dites, n'est-ce pas une bonne idée ?

Les yeux de M. René lui sortirent de la tête :

– Bien sûr ! ricana-t-il. Et cet ostrogoth continuera à se servir de mon véhicule pour le réduire en morceaux...

– Sauf si vous lui apprenez à conduire, dit Mme Bloyer.

Un énorme bruit de casse-noix éclata dans la pièce : deux immenses mains osseuses applaudissaient.

– Je vous en supplie, Monsieur René, dit le

fantôme en faisant son plus énorme sourire fluo... Apprenez-moi...

Il s'approcha tout près du voisin et lui glissa tout bas à l'oreille :

– ... sinon, je vous hanterai, vous et votre Saba, n'importe quand, n'importe comment... jusqu'à la fin des temps...

Le voisin frissonna. Il se sentit obligé d'accepter.

– Eh bien, oui, d'accord, dit-il d'un air sombre.

– Vous m'apprendrez à rouler en avant et en arrière ? s'écria Gus, ébloui.

– Démarrage, freinage... promit M. René.

Ouf !... Désormais, le calme est revenu dans l'immeuble. Mais quand la petite ville est plongée dans le sommeil, Gus et M. René se glissent dans le parking désert et font démarrer la Saba blanche. M. René est devenu moniteur de fantôme. Il installe son client sur ses genoux.

– Bon sang, Gus, ne passe pas la tête à travers

le pare-brise ! Concentre-toi un peu ! Tes pieds sur la pédale, pas sur la vitre ! gronde-t-il.

Les voisins murmurent :

– Vous avez vu M. René, comme il fait le fou, la nuit, à son volant ?

– Il est devenu bizarre, il a beaucoup changé...

C'est vrai. Depuis qu'il fréquente un fantôme, M. René se trouve très courageux : lui, le maigrichon, il a pris confiance en lui, il suit même des cours de karaté. Maintenant, il bombe le torse avec ses copains super musclés. Il sifflote toute la journée.

Gus aussi est content. Un jour, peut-être, il proposera une promenade à sa chère Mme Bloyer. Il l'emmènera à... Hurlenfer... Pourvu que son bon vieux donjon soit toujours hanté ! Mmm... Quelle belle sortie en perspective !

J'AIME LIRE

Les premiers romans à dévorer tout seul

Se faire peur et frissonner de plaisir Rire et sourire avec

des personnages insolites Réfléchir et comprendre la vie de

tous les jours Se lancer dans des aventures pleines de

rebondissements Rêver et voyager dans des univers fabuleux

Maudit Manoir

Dans le manoir de Mortelune vit une bande de monstres affreux, méchants et bagarreurs : tu vas les adorer !

Retrouve les héros de Maudit Manoir dans le magazine *Astrapi*.

Achevé d'imprimer en juin 2003 par Oberthur Graphique
35 000 RENNES – N° Impression : 5093
Imprimé en France